论语

注音彩图版

程仲庸 ⊙ 主编

影响孩子一生的国学启蒙经典

天地出版社
TIANDI PRESS

图书在版编目（CIP）数据

论语 / 程仲庸主编. — 成都：天地出版社，2020.11
（影响孩子一生的国学启蒙经典）
ISBN 978-7-5455-6015-2

Ⅰ.①论… Ⅱ.①程… Ⅲ.①儒家②《论语》—儿童读物 Ⅳ.①B222.2-49

中国版本图书馆CIP数据核字（2020）第197924号

LUN YU
论语

出 品 人	杨　政
主　　编	程仲庸
责任编辑	李　蕊　李菁菁
封面设计	图拉无码
内文插图	张　驰
内文排版	蚂蚁书坊
责任印制	董建臣

出版发行	天地出版社 （成都市槐树街2号 邮政编码：610014） （北京市方庄芳群园3区3号 邮政编码：100078）
网　　址	http://www.tiandiph.com
电子邮箱	tianditg@163.com
经　　销	新华文轩出版传媒股份有限公司

印　　刷	三河市兴国印务有限公司
版　　次	2020年11月第1版
印　　次	2020年11月第1次印刷
开　　本	710mm×1000mm 1/16
印　　张	8
字　　数	167千字
定　　价	19.80元
书　　号	ISBN 978-7-5455-6015-2

版权所有◆违者必究

咨询电话：(028) 87734639（总编室）
购书热线：(010) 67693207（营销中心）

如有印装错误，请与本社联系调换。

目录

- 001 / 学而时习之
- 003 / 孝弟也者
- 005 / 巧言令色
- 007 / 三省吾身
- 009 / 道千乘之国
- 011 / 弟子入则孝
- 013 / 贤贤易色
- 015 / 过，则勿惮改
- 017 / 礼之用，和为贵
- 019 / 信近于义，言可复也
- 021 / 君子食无求饱
- 023 / 贫而乐，富而好礼
- 025 / 为政以德
- 027 / 吾十有五而志于学
- 029 / 子游问孝
- 031 / 视其所以
- 033 / 温故而知新
- 035 / 学与思
- 037 / 知之为知之
- 039 / 人而无信
- 041 / 君与臣
- 043 / 里仁为美
- 045 / 富与贵
- 047 / 士志于道
- 049 / 不患无位
- 051 / 义与利
- 053 / 见贤思齐

055 /	事父母几谏	079 /	三人行
057 /	父母之年	081 /	奢则不孙
059 /	宰予昼寝	083 /	君子与小人
061 /	敏而好学，不耻下问	085 /	士不可以不弘毅
063 /	子谓子产	087 /	巍巍乎
065 /	晏平仲善与人交	089 /	逝者如斯夫
067 /	贤哉，回也	091 /	三军可夺帅也
069 /	知之、好之与乐之	093 /	知者、仁者与勇者
071 /	学而不厌，诲人不倦	095 /	孝哉闵子骞
073 /	德之不修	097 /	君子成人之美
075 /	饭疏食	099 /	子贡问友
077 /	叶公问孔子于子路	101 /	身正与身不正
		103 /	子夏为莒父宰
		105 /	有德者必有言
		107 /	志士仁人
		109 /	远虑与近忧
		111 /	巧言乱德
		113 /	过而不改
		115 /	益者三友
		117 /	益者三乐
		119 /	道听而涂说
		121 /	殷有三仁

学而时^①习之

子^②曰："学而时习之，不亦说^③乎？有朋^④自远方来，不亦乐乎？人不知而不愠^⑤，不亦君子^⑥乎？"

解词语

①时：时常，在一定的时候。

②子：《论语》中，"子曰"的"子"都是指孔子。

③说：同"悦"，高兴、愉快。

④朋：在同一师门受学的人，这里指志同道合的朋友。

⑤愠：生气，怨恨。

⑥君子：道德高尚的人。

说意思

孔子说："学过的知识，按一定的时间温习它，不也高兴吗？有志同道合的朋友从远方来，不也快乐吗？别人不了解我，我也不怨恨，我不也是道德高尚的人吗？"

讲故事

牛角挂书

隋朝时,有个人叫李密,他出身于贵族,后来家道中落了。李密少年时,在隋炀帝的宫里当差。一天,隋炀帝看见他后,觉得他天性太活跃,怕他在宫里惹事,就将他赶回家了。

李密回家后,一边放牛,一边努力读书。那时,缑山住着一个著名的学者叫包恺。李密得知后,便骑牛去求教。他在牛背上铺着用薄草编的垫子,在牛角上挂着《汉书》,一边赶路一边读。当时,越国公杨素正骑着马在李密后面赶路,见他如此用功,不禁赞叹道:"哪来的书生这般勤奋?"李密在宫中当差时见到过杨素,于是赶紧从牛背上下来参拜。杨素问李密在读什么,李密告诉他正在读《汉书》中的《项羽传》。

经过了一番交谈,杨素发现李密气度不凡、才学过人。回家后,杨素感慨地对儿子杨玄说:"李密气度不凡,学识才能在你们兄弟之上,你们可以和他结交。"

孝弟①也者

有子②曰:"其为人也孝弟,而好犯上者,鲜③矣;不好犯上,而好作乱者,未之有也。君子务本,本立而道生。孝弟也者,其为仁之本与④!"

解词语

①弟:通"悌",敬顺兄长。
②有子:孔子的学生,姓有,名若,比孔子小三十三岁。
③鲜:少。
④与:同"欤",语气词。

说意思

有子说:"一个人既孝顺父母,又尊敬兄长,却喜欢冒犯上级,这种人是很少的;不喜欢冒犯上级,却喜欢造反,这种人从来没有过。君子专注于基础工作,基础确立了,'道'就产生了。孝顺父母,尊敬兄长,这就是'仁'的基础吧!"

讲故事

缇萦救父

汉文帝时,有一位医术精湛、道德高尚的医生叫淳于意。他曾任齐太仓令,后来辞官行医。他行医时,得罪了一位权贵,因此遭到陷害,而被判肉刑,不日将被押往京城治罪。

淳于意的小女儿叫缇萦,她不辞劳苦,毅然跟随父亲去长安面见汉文帝,替父亲申冤。她说:"我父亲做官时清廉爱民,行医时施仁济世。如今,他却因得罪权贵而被判了肉刑。处死的人不能复生,受肉刑的人不能接上肢体,我对此深感悲痛。我愿意做官府的奴婢,以此赎父亲的肉刑之罪。"

汉文帝被缇萦的勇气和孝心深深感动,于是赦免了她的父亲,并且下诏书废除了肉刑。

巧言①令色②

子曰："巧言令色，鲜矣仁③！"

解词语

①巧言：花言巧语。
②令色：面容伪善。
③仁：仁德。

说意思

孔子说："花言巧语，面容伪善，这样的人是没有多少仁德的。"

口蜜腹剑

唐玄宗时期,李林甫担任宰相。他表面上很和善,很会说好听的、善意的话。实际上,他非常阴险狡诈,常常使坏害人。

时任中书侍郎的严挺之刚正不阿,对李林甫的所作所为非常不满。于是,李林甫就在唐玄宗面前说他的坏话,恶意中伤严挺之。于是,唐玄宗把严挺之贬到了洛阳。过了一段时间,唐玄宗打算重新召严挺之回朝,但李林甫歪曲事实,说严挺之患了重病,不能委以重任。

还有一次,李林甫对大臣李适之说华山附近埋藏着很多黄金,李适之就将此事上奏唐玄宗。唐玄宗问李林甫有无此事,李林甫花言巧语地说:"我早就知道此事,但华山是陛下的根基所在,不能开采啊!"唐玄宗被他这番话打动,认为他是一位忠君爱国的臣子,反而对李适之有所不满。

久而久之,人们都了解了李林甫的本性,说他是个"口有蜜,腹有剑"的小人。

三省^①吾身

曾子^②曰："吾日三省吾身：为人谋^③而不忠^④乎？与朋友交而不信乎？传^⑤不习乎？"

解词语

①三省：多次地反省。三，表示次数多。省，反省。

②曾子：孔子的学生，名参，字子舆。

③谋：做事，谋划事情。

④忠：尽心竭力。

⑤传：传授，这里指老师传授的学业。

说意思

曾子说："我每天多次自我反省：为别人办事是不是尽心竭力了呢？与朋友交往是不是诚实守信了呢？老师传授的学业是不是复习了呢？"

闭门思过

韩延寿是西汉时期著名的大臣,崇尚礼义,推行教化。每到一地,他都聘请当地的贤士,以礼相待,并广泛地听取他们的建议。他总是用道德教育感化当地的老百姓。

他在颍川担任太守时,有一次巡行到高陵县,正好遇到兄弟两人因田地的事打官司。延寿听说后,难过地说:"我有幸做了官员,本应为百姓做出表率。然而,我对百姓教化得不够,以至于让骨肉兄弟打起了官司。对此,我有不可推卸的责任。我应该退职让贤。"这天,他独自一人待在屋里,闭门思过。

打官司的兄弟二人得知韩延寿的上述举动后,深深地感到后悔,于是含着泪向他谢罪。

道^①千乘之国^②

子曰："道千乘之国，敬事^③而信，节用而爱人，使民以时^④。"

解词语

①道：同"导"，引导之意。此处译为治理。

②千乘之国：拥有千辆兵车的国家。乘，古代用四匹马拉着的兵车。

③敬事：敬业，工作严肃认真。

④使民以时：古代以农业为主，这里指不违农时，让百姓及时耕种。

说意思

孔子说："治理拥有千辆兵车的国家，就要严肃认真对待工作，诚实守信，节约费用，爱护官吏，要根据农时来使用民力。"

一钱太守

刘宠是东汉时期著名的大臣,为官清廉,爱护百姓。他担任会稽太守时,简除扰民的政令,废除苛捐杂税,监察官吏的非法活动,为当地的老百姓做了很多好事。会稽的老百姓安居乐业,刘宠深受爱戴。

后来,刘宠被朝廷征召,赴京为官。山阴县有五六位白发苍苍的老翁,每人带着一百钱送给刘宠,说:"我们是山谷里没有见识的人,没见过太守。别的太守在任时,派官吏在民间搜刮,从白天到夜里一直不断,有时狗整夜叫个不停,百姓不得安宁。您上任后,百姓再也不见官吏来搜刮了,夜里狗也不叫了。我们有幸在年老时遇到太平盛世,如今听说您要离任了,所以我们特意奉送一份薄礼。"刘宠说:"我的政绩怎能比得上你们说的呢!父老乡亲辛苦了!"

老人恭敬地用手捧着钱执意送给刘宠。他难以推辞,就从每人的手中选了一枚铜钱收下了。从此,"一钱太守"的美称便在当地传开了。

弟子①入则孝

子曰:"弟子入则孝,出则悌,谨②而信,泛爱众而亲仁③。行有余力,则以学文④。"

解词语

①弟子:这里指年纪幼小的人。
②谨:寡言少语,谨慎。
③仁:指有仁德的人。
④文:指古代文献。

说意思

孔子说:"年轻人在家就孝顺父母,在外面要敬爱兄长,说话做事谨慎诚信,博爱众人,亲近有仁德的人。做到这些之后,还有剩余的精力,就去学习古代文献。"

讲故事

扇枕温席

汉朝时，江夏有个人叫黄香，他以孝道而闻名。黄香小时候，家里非常贫穷。黄香很懂事，亲自操持家务，尽心奉养父母。在他九岁的时候，母亲不幸去世了。从此，他对父亲更加孝顺。在炎热的夏天，屋里非常闷热，黄香就用扇子把父亲的枕头和席子扇凉快，并把蚊虫驱赶得远远的，才请父亲上床睡觉；到了寒冷的冬天，屋里异常清冷，黄香用自己的身体把父亲冰凉的被褥暖好后，才请父亲上床休息。父亲为黄香的孝心所感动。后来，黄香的事迹流传到了京城，人们称赞他"天下无双，江夏黄香"。

贤贤①易②色

子夏③曰："贤贤易色；事父母，能竭其力；事君，能致④其身；与朋友交，言而有信。虽⑤曰未学，吾必谓之学矣。"

解词语

①贤贤：尊重贤者。

②易：改变，轻视。

③子夏：孔子的学生，姓卜，名商，字子夏，比孔子小四十四岁。

④致：奉献。

⑤虽：即使。

说意思

子夏说："一个人能够尊重贤者而不重女色；侍奉父母，能尽心竭力；侍奉君上，不惜献出生命；与朋友交往，说话诚实守信。这样的人，即使没专门学习过，我也一定会说他已经学习过了。"

讲故事

宋弘拒婚

宋弘是东汉时期的大臣，他品行高洁，为官清廉，对皇帝直言敢谏，汉光武帝刘秀很器重他。

刘秀有个姐姐叫刘黄，也就是湖阳公主。当时，湖阳公主的丈夫刚刚去世，刘秀和她评议文武百官，以观察她的心意。湖阳公主说："宋弘的威仪容貌、德行气度，群臣中没有人能比得上。"刘秀就知道了姐姐的心意。

于是，刘秀召见宋弘，对他说："俗话说，地位尊贵了就换朋友，家中富有了就换妻子，这是人之常情吗？"宋弘回答："臣听说，贫贱时的朋友不可忘记，一起经受过苦难的妻子不能抛弃。"

刘秀听后，对宋弘的为人暗暗称赞。他不仅没有责怪宋弘，反而对他更加器重。

过，则勿惮①改

子曰："君子不重②则不威③；学则不固④。主忠信。无⑤友不如己者。过，则勿惮改。"

解词语

①惮：害怕。
②重：庄重。
③威：威严。
④固：巩固，牢固。
⑤无：同"毋"，不要。

说意思

孔子说："君子如果不庄重，就没有威严；即使读书，所学的知识也不会巩固。要讲求忠、信。不要与不如自己的人交朋友。有了过错，就不要怕改正。"

 讲故事

刘邦改过

刘邦是汉朝的开创者，是中国历史上杰出的政治家、军事家。

刘邦虽然雄才大略，但曾经差点儿因失礼而错失

人才。有一年,刘邦率领大军来到高阳驻扎下来。当地有个人叫郦食其,虽然很有才能,但因性格狂妄而得不到重用。今见刘邦到来,他便过来求见。当时,刘邦正坐在床边让两个婢女洗脚,对郦食其并不热情。

郦食其只是做了个长揖,并没有行跪拜礼,问刘邦:"您是想帮助秦朝攻打诸侯呢,还是想率领诸侯推翻秦朝呢?"刘邦听后非常生气,说:"秦朝无道,天下人痛恨秦朝很久了,我怎么能助秦朝攻打诸侯呢?"郦食其说:"您既然要推翻无道的秦朝,就不应该坐在床边见长者!"

刘邦听后很惭愧,匆忙整理好衣服,对郦食其以礼相待。后来,在郦食其的帮助下,刘邦取得了很多战功。

礼之用，和为贵

有子曰："礼之用，和为贵。先王之道，斯为美，小大由之。有所不行，知和而和，不以礼节之，亦不可行也。"

解词语

①和：和谐，协调，恰当。
②斯：这，此。
③由：遵循，依据。
④节：约束。

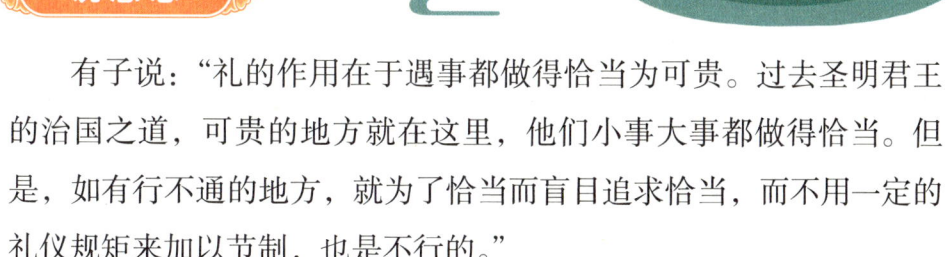

说意思

有子说："礼的作用在于遇事都做得恰当为可贵。过去圣明君王的治国之道，可贵的地方就在这里，他们小事大事都做得恰当。但是，如有行不通的地方，就为了恰当而盲目追求恰当，而不用一定的礼仪规矩来加以节制，也是不行的。"

讲故事

六尺巷

清朝时，张英、张廷玉父子两代为相，张家在安徽桐城是名门望族。康熙年间，张英在朝廷担任文华殿大学士，兼礼部尚书。老家桐城的府邸与吴家为邻，两家院落之间有一条巷子。

后来，吴家要新建府邸，就想占用这条巷子。张家人不同意吴家的做法。两家争执不下，将官司打到当地县衙。县官不敢轻易断案。

其间，张家人给在朝廷为官的张英写了一封信，将事情的来龙去脉告知张英，希望他出面解决。张英看了信后，觉得邻里之间应该互相谦让。于是，他给家里写了回信，内容只有四句话：

一纸书来只为墙，让他三尺又何妨？
万里长城今犹在，不见当年秦始皇。

家人读完回信，明白了其中的含义，就主动让出了三尺空地。吴家见状，深受感动，也主动让出三尺空地，"六尺巷"由此得名。从此，两家的礼让之举和张家不仗势欺人的做法传为美谈。

信近于义，言可复①也

有子曰："信近于义，言可复也。恭近于礼，远耻辱也。因②不失其亲，亦可宗③也。"

解词语

① 复：实践，履行。
② 因：依靠，凭借。
③ 宗：依靠。

说意思

有子说："信守的诺言符合义，说的话就能兑现。态度恭敬合于礼，就能避免受侮辱。依靠亲近的人，也就能得到帮助了。"

季札挂剑

春秋时期，吴国公子季札奉命出使各国。他在途经徐国时，受到了徐国国君的热情招待。徐国国君被季札佩带的宝剑深深吸引，不住地看，虽然没有直说，但内心很想得到它。季札知悉了他的心思，可宝剑是身份的重要象征，他还要佩带宝剑出使其他国家，所以不能当即相送。季札心想：等我完成出使任务，就把宝剑送给徐国的国君。

然而，世事无常，季札出使返回，再次经过徐国时，徐国国君已经去世了。季札非常悲伤，于是解下宝剑挂在徐国国君墓前的树上。他的随从说："徐国国君已经去世了，您将这把剑挂在这里，又有什么用呢？"季札说："我当初在心里已经决定把这宝剑送给他，现在怎么能因为他去世而违背自己的诺言呢！"

君子食无求饱

子曰："君子食无求饱，居无求安，敏①于事而慎于言，就有道而正②焉，可谓好学也已。"

解词语

①敏：勤劳敏捷。
②正：匡正。

说意思

孔子说："君子吃饭不求饱足，居住不求舒适，做事勤劳敏捷，说话却谨慎，能到有道的人那里匡正自己，这样，就可以说是好学了。"

陈平忍辱苦读

陈平是我国历史上著名的政治家,辅佐刘邦建立了西汉王朝。陈平幼年时,父母双亡,与哥哥相依为命。虽然家境贫寒,但是陈平志向远大,不喜欢耕作,而喜欢读书交游。于是,哥哥承担了家里的各种农活,以便让他安心读书。

陈平的大嫂对陈平非常不满,经常羞辱他。为了兄嫂的和睦,陈平一直隐忍。后来,大嫂变本加厉,年轻的陈平终于无法忍受,就离家出走了。哥哥知道后,把他追回来,并决定休妻。陈平不计前嫌,阻止了哥哥休妻。为了报答哥哥的恩情,陈平更加刻苦。兄弟情深的故事在当地传为美谈,很多饱学之士都前来和他交流,甚至有人免费收他为徒。后来,陈平学有所成,成就了一番大业。

贫而乐，富而好礼

子贡曰："贫而无谄①，富而无骄，何如②？"子曰："可也。未若贫而乐，富而好礼者也。"

解词语

①谄：巴结，奉承。
②何如：怎么样。

说意思

子贡说："若一个人贫穷的时候不阿谀奉承，富贵的时候不骄傲自大，怎么样？"孔子说："这样也可以了。不过，还是不如虽贫穷却很快乐，虽富有却谦虚好礼的人。"

王欢安贫乐道

晋朝有个人叫王欢,生活很贫苦,却爱好读书,以追求圣贤之道为乐。

王欢从不为贫困的现状而改变志向,始终致力于学业。他常常一边乞讨,一边诵读《诗经》。虽然家中没有一斗余粮,但是他的内心依然坚定、安宁。他的妻子对此很不理解,常常感到忧心,有时焚烧他的书,还要求改嫁。王欢笑着对妻子说:"你没有听说过朱买臣的妻子吗?"西汉时期的朱买臣,家境贫寒,以砍柴为生,却不忘苦读。妻子无法忍受,离他而去。后来,朱买臣功成名就。妻子见到曾经的丈夫羞愧难当,自尽而死。

当时,很多人听到王欢对妻子说的话,都嘲笑他好高骛远。王欢对别人的评价毫不在意,反而更加坚守他的志向。经过多年苦读,王欢最终成为一位通晓古今、学识渊博的大学者。

为政以德

子曰:"为政以德,譬如①北辰②,居其所而众星共③之。"

解词语

①譬如:比如,好像。

②北辰:指北极星。

③共:通"拱",环绕,环抱。

说意思

孔子说:"用道德来治国理政,当政者就会像北极星一样,在自己的位置上,别的星辰都环绕着它。"

贞观之治

唐太宗李世民是我国历史上杰出的政治家,也是有雄才伟略的贤明君主。

李世民即位后,改年号为贞观,推行仁政,励精图治。唐太宗知人善任,善于纳谏,吸纳了杜如晦、房玄龄、魏征等一大批优秀的名臣,他们为振兴唐朝做出了杰出的贡献。唐太宗重视农业生产,爱惜民力,颁布了一系列休养生息的政策,赢得了老百姓的爱戴。唐太宗吸取了隋朝灭亡的教训,常用隋炀帝作为反面教材,来警诫自己及朝廷的官员。

经过君主臣民多年的努力,唐朝出现了政治清明、经济繁荣、社会稳定、百姓安居乐业的局面,史称"贞观之治"。

吾十有五而志于学

子曰："吾十有五而志于学,三十而立,四十而不惑,五十而知天命,六十而耳顺,七十而从心所欲,不逾矩。"

解词语

①有:通"又"。

②立:立足,立身。

③不惑:不容易被迷惑。

④天命:天道与世事的规律。

⑤耳顺:听得进别人的话。

⑥逾矩:违背规矩。

说意思

孔子说:"我十五岁有志于学问;三十岁能立身于世;四十岁掌握了知识与经验,不再容易被迷惑;五十岁知晓了天道与世事的规律,不强求;六十岁能听得进别人的意见;到了七十岁,尽管随心所欲,也不会违背任何规矩。"

屈原立志苦读

屈原是我国历史上伟大的爱国诗人,浪漫主义文学的奠基人,被誉为"楚辞之祖"。屈原出身于楚国没落的贵族家庭,从小就志向远大,对自己严格要求,刻苦学习。

冬日里,屈原在家中读书。火盆烧得很旺,屋里非常暖和,屈原不一会儿就感觉困意浓浓。在他家的不远处有一座山,山中幽静,平时很少有人到那里。于是,他决定到山洞里读书。虽然家人反对,但是屈原还是坚持来到山里,找了一处山洞开始读书。山中的气温很低,洞里面更是寒冷潮湿。没过多久,屈原的手脚就冻僵了。他起身活动活动,等身体暖和过来继续坐在地上读书。

就这样,屈原在山洞里坚持了三年,终于把《诗经》读透了。后来,屈原开创了浪漫主义诗歌的先河,取得了伟大的成就。

子游①问孝

子游问孝。子曰:"今之孝者,是谓能养。至于②犬马,皆能有养③;不敬,何以别乎?"

解词语

①子游:孔子的学生,姓言,名偃,字子游,比孔子小四十五岁。
②至于:即使,就是。
③有养:被赡养、养育。

说意思

子游请教孝道。孔子说:"如今的所谓孝,就是说能够供养父母就行了。照这样,连狗和马也有人喂养着。如果不发自肺腑地孝顺父母,又如何区别奉养父母和饲养狗和马呢?"

亲尝汤药

刘恒是汉高祖刘邦的儿子，也就是后来的汉文帝。刘恒从小就奉行孝道，对母亲非常孝顺。

刘恒和母亲的感情很深。他被封为代王的那段时间，母亲跟他住在一起。然而，母亲身体虚弱，经常生病，刘恒总是无微不至地照顾。有一次，母亲患了重病，卧床不起，刘恒心里非常着急。他每天守护在母亲的床前，经常整夜整夜地没法合眼。此外，他每天坚持为母亲煎药。每次煎完汤药，自己总是先尝一尝苦不苦、烫不烫。他觉得没问题了，才恭恭敬敬地端给母亲喝。母亲一病就是三年，刘恒对母亲的照顾从不间断。三年后，母亲的身体终于康复了。

刘恒孝顺母亲的事广为流传，人们都称赞他是一个仁孝之人。

视其所以①

子曰："视其所以，观其所由②，察其所安③。人焉④廋⑤哉？人焉廋哉？"

解词语

①所以：所作所为。
②所由：所经由的道路，所采取的方法。
③安：安心。
④焉：怎么，哪里。
⑤廋：隐藏，藏匿。

说意思

孔子说："观察他的所作所为，了解他为达到一定目的所采取的方法，观察他安心于什么。那么，这个人还怎么隐藏得了呢？这个人还怎么隐藏得了呢？"

赴汤蹈火

西汉景帝时，晁错在朝中担任御史大夫。他正直无私，一心为国，敢于直言进谏。

当时，全国各地的刘姓诸侯势力在逐渐扩大。晁错预感到，这种情况会威胁到朝廷的安全和国家的长治久安。于是，他便向汉景帝建议，要抓紧时间削弱地方诸侯的势力，削减他们的领地，以免造成严重的后果。诸侯得知这个消息后，都非常痛恨晁错，想要除掉他。晁错的父亲了解到儿子的危险处境后，告诫他不要多管闲事。晁错回答道："为了国家的利益，我无惧生死，就是赴汤蹈火，也在所不辞。"

后来，吴王刘濞、楚王刘戊等人联合叛乱，汉景帝惊慌失措。为了缓和危局，汉景帝将晁错处死了。但是，晁错对朝廷的忠心和以国家利益为重的品格，受到了后人的肯定与赞赏。

温①故而知新

子曰："温故而知新，可以为师矣。"

解词语

①温：温习。

说意思

孔子说："温习学过的知识，可以得到新的理解和体会，这样就可以当老师了。"

讲故事

郑板桥读书

郑板桥是清代著名的画家、书法家和文学家，他在很多领域都取得了很高的成就。

郑板桥天资并不聪明，记忆力也不好。但是，他非常勤奋，读起书来非常用功。一本书，别人读一两遍，就能记住其内容，郑板桥却做不到。因此，他每拿到一本书，总是读很多遍。尤其是那些经典的书籍，他会读几十遍，甚至上百遍。

他不仅勤奋，而且养成了认真思考的好习惯。每次重读一本书,他总是认真思考、反复琢磨,总是能够得出新的体会和见解。功夫不负有心人,经过长期的积累和思考,郑板桥做到了融会贯通,终于成为成就很高的大学者。

学与思

子曰:"学而不思则罔①,思而不学则殆②。"

解词语

①罔:迷惘。
②殆:疑惑。

说意思

孔子说:"只是学习而不思考,就会迷惘不解;只是思考而不学习,就会疑惑不定。"

讲故事

按图索骥

春秋时期,秦国有个人叫孙阳。孙阳擅长相马,一眼就能分辨出好马和劣马,人们都称他为"伯乐"。后来,孙阳根据自己多年相马的经验写成了《相马经》。在书中,孙阳详细介绍了各种各样的好马,并把这些马画在书中,以供人们相马时参考。

孙阳的儿子看了《相马经》后,觉得相马并不难。于是,他按照书上所画的图去寻找好马,结果一直没有找到。一天,他在路边无意中看到了一只癞蛤蟆,他觉得这只癞蛤蟆的前额和《相马经》中所描述的好马的特征很相符。他以为自己找到了一匹好马,心里非常高兴。于是,他把癞蛤蟆带回家,对父亲说:"我终于找到了一匹千里马,就是蹄子有点儿不像。"父亲哭笑不得,无奈地说:"这匹马太喜欢跳了,不好驾驭啊!"

知之为知之

子曰："由①，诲女②知之乎！知之为知之，不知为不知，是知③也。"

解词语

①由：孔子的学生，姓仲，名由，字子路，比孔子小九岁。
②女：通"汝"，你。
③知：通"智"，智慧，明智。

说意思

孔子说："由，教给你对待知与不知的正确态度吧！知道就是知道，不知道就是不知道，这才是明智的。"

 讲故事

两小儿辩日

一天，孔子向东游历，见两个小孩儿正在争辩。孔子很好奇，便问他们争辩的原因。一个小孩儿说：

"我认为,太阳刚刚升起时离人近,而到中午时离人远。"另一个小孩儿却认为,太阳刚升起时离人远,而到中午时离人近。

第一个小孩儿说:"太阳刚升起时就像车盖一样大,到中午时就变得像一个盘子那么小,这难道不是远处看着小而近处看着大的道理吗?"另一个小孩儿说:"太阳刚升起时感觉清凉,到中午时就感觉像手伸进热水里一样热,这难道不是离得近就感觉热而离得远就感觉凉的道理吗?"

孔子站在那里,无法判定谁对谁错。两个小孩儿笑着说:"谁说您的知识渊博呢?"

人而无信

子曰："人而无信，不知其可也。大车①无輗②，小车③无軏④，其何以行之哉？"

解词语

①大车：古代用牛力的车。
②輗：古代大车车辕前端和横木衔接的活销。
③小车：古代用马力的车。
④軏：古代小车车辕前端和横木衔接的销钉。

说意思

孔子说："一个人如果不讲信用，不知道他还可以做什么。这就好比大车没有輗，小车没有軏，怎么能行走呢？"

讲故事

曾子杀猪

曾子是孔子的弟子。他待人谦恭，重视诚信。

一次，曾子的妻子要到集市去。儿子一路跟随，边走边哭闹。曾子的妻子没办法，就对他说："你先回去，等我回家后，就杀猪给你吃。"儿子听后很高兴，蹦蹦跳跳地就回家去了。

曾子的妻子从集市上回来后，看到曾子正抓了一头猪要杀。曾子的妻子赶紧上前制止，说："你不要杀猪，我那是跟孩子说着玩儿呢。"曾子说："我们不能跟小孩子随便开玩笑。他现在还不懂事，没有分辨是非的能力。父母怎么做，他就会跟着学。今天，你说话不算数，就是在教他欺骗。这样，他以后就很难做一个讲诚信的人。为了孩子，咱们今天必须把猪杀了。"

于是，曾子把猪杀了，让儿子吃到了猪肉。

君与臣

定公①问:"君使臣,臣事君,如之何?"孔子对曰:"君使臣以礼,臣事君以忠。"

解词语

①定公:鲁国君主,名宋,昭公之弟。"定"是谥号。

说意思

鲁定公问:"君主使用臣子,臣子侍奉君主,各自应该怎么做?"孔子回答:"君主应该按照礼节使用臣子,臣子应该忠心地侍奉君主。"

讲故事

周文王与姜尚

商朝末年,纣王暴虐无道,朝政腐败,民不聊生。而周文王却在自己的属地倡行仁政，励精图治，广求天下贤能之士。雄才大略的姜尚得知后，来到渭水之滨整日垂钓，以观世事的变化，待机出山。

一天，周文王到渭水北岸打猎，正好遇见了正在钓鱼的姜尚，便和他交谈起来。通过交谈，周文王发现姜尚目光远大、学识渊博，对历史和时势了然于胸，便向他请教治国兴邦的良策。姜尚告诉周文王，要以贤为本，重视发掘、使用人才。周文王听后，心里十分赞同，于是邀请姜尚一起回宫，拜为太师，以礼相待。

从此，姜尚忠心辅佐周文王，周文王的势力也日渐强盛。周文王去世后，姜尚继续辅佐他的儿子周武王，帮助周武王推翻了商纣王的统治，建立了周朝。

里①仁为美

子曰："里仁为美。择不处②仁，焉得知③？"

解词语

①里：居住。
②处：居住。
③知：通"智"，聪明，明智。

说意思

孔子说："居住的地方，要有仁德才好。如果你选择在没有仁德的地方居住，怎么能算得上明智呢？"

讲故事

孟母三迁 (mèng mǔ sān qiān)

孟子是我国古代著名的思想家、教育家,儒家学派的代表人物之一,地位仅次于孔子,被尊为"亚圣"。

孟子还很小的时候,父亲就去世了。母亲独自抚养孟子长大。最初,他们家住在一片墓地附近,由于经常能看到出殡的场面,孟子便经常与小伙伴儿玩下葬的游戏。母亲觉得这样对孩子的成长不利,就搬到了一个集市附近居住。时间一长,受环境的影响,孟子又玩起了做买卖的游戏。于是,母亲决定再次搬家,搬到一所学校附近。渐渐地,孟子模仿起学校的规矩,学习起师生之间的礼节,并喜欢上了读书。于是,孟子的母亲就决定定居在这里。后来,孟子成为伟大的学者。

富与贵

子曰:"富与贵,是人之所欲①也;不以其道②得之,不处③也。贫与贱,是人之所恶也;不以其道得之,不去也。君子去仁,恶④乎成名?君子无终食之间违⑤仁,造次⑥必于是,颠沛必于是。"

解词语

①欲:想得到的,向往的。

②道:正当的方法。

③处:接受。

④恶:怎样

⑤违:离开。

⑥造次:仓促,匆忙。

说意思

孔子说:"财富和权贵,是人人向往的;如果不用正当的方法去得到它,君子不接受。贫困和卑贱,是人人所厌恶的;如果不用正当的方法去摆脱它,君子不摆脱。君子抛弃了仁德,怎样成就他的声名呢?君子即使是在一顿饭的时间,也不离开仁德;他在仓促匆忙的时候,也一定和仁德同在;他颠沛流离的时候,也一定和仁德同在。"

讲故事

苏武牧羊

西汉时期,中郎将苏武奉命出使匈奴。不料,匈奴发生了内乱,苏武被扣留。匈奴用高官厚禄对苏武进行利诱,要他臣服于匈奴。苏武严词拒绝了。

于是,匈奴把苏武囚禁在一个露天的大地窖里,不给他食物和水,迫使他屈服。时值寒冬,苏武在地窖里受尽了折磨。口渴了,他就吃一把雪;饥饿了,他就嚼身上穿的羊皮袄;冷了,他就缩在角落里用皮袄取暖。匈奴见苏武仍然没有屈服,就把他流放到北海边没有人的地方,让他放羊,并说等到公羊产了崽他才能回到汉朝。

苏武被流放到北海后,处境更加艰难,靠掘取野鼠所储藏的野果来充饥。但是,他决不丧失气节、玷辱使命,决不向匈奴屈服,每天拿着汉朝皇帝赐予使臣的节仗牧羊,以至于系在节仗上的节旄都掉落了。他留居匈奴十九年,后终于获释回到汉朝。

苏武忠贞爱国的情操和矢志不渝的精神,为世人树立了光辉的榜样。

士志于道

子曰："士志于道，而耻恶衣恶食者，未足①与议也。"

解词语

①足：值得。

说意思

孔子说："读书人有志于真理，却又以吃粗粮、穿破衣为耻辱，这样的人，便不值得同他商议了。"

讲故事

割席绝交

管宁是我国古代的名士，他自幼好学，一生不慕名利。

管宁和华歆是好朋友。一次，他们一起在园中锄草，看见地上有一块金子。管宁就像看到一块石头一样,不为所动,依旧挥动着锄头认真地锄草。华歆高兴地拾起了金子。可是,他看到管宁的神色后,内心愧疚,就把金子扔掉了。

还有一次,他们同坐在一张席子上读书。这时,有官员乘坐华丽的马车从门前经过,街上的人们争相围观。管宁内心非常平静,依旧全神贯注地读书。华歆却禁不住诱惑,放下书出去观看。于是,管宁就割断席子和华歆分开坐,说道:"从此,你就不是我的朋友了。"

不患^①无位

子曰:"不患无位,患所以立^②;不患莫己知,求为可知也。"

解词语

①患:发愁,担心。
②立:在古代,"立"和"位"可以通用。

说意思

孔子说:"不要愁没有职位,而应愁没有任职的本领;不要愁没人了解自己,而应追求足以使别人了解自己的本领。"

毛遂自荐

战国时期,秦军进攻赵国,包围了赵国的都城邯郸。大敌当前,赵国的形势万分危急。于是,平原君奉赵王之命,去楚国求兵解围。他决定从自己千余名食客中,挑选二十位能力最突出的人陪自己一同前往。最后,他只挑选出十九人,再也挑不出一个令他十分满意的。这时,一个叫毛遂的人主动站出来,请求一同前往,平原君答应了。平原君一行到达楚国后,与楚王谈了很长时间,楚王也没有答应出兵救援。正当大家心急如焚时,毛遂从容地走上前去,向楚王陈说利害,分析天下局势。毛遂的一番话,让楚王心悦诚服,楚王终于同意楚赵结盟,联合抗秦。没几天,楚、魏等国联合出兵援赵,秦军撤退了。毛遂赢得了"以三寸之舌,强于百万之师"的美誉。回到赵国后,平原君将毛遂作为上宾对待。

义与利

子曰："君子喻①于义，小人喻于利。"

解词语

①喻：知晓，懂得。

说意思

孔子说："君子懂得的是义，小人懂得的是利。"

大义灭亲

春秋时期,卫庄公的宠妾为他生下一个儿子,名叫州吁。卫庄公非常宠爱他。州吁生性暴烈,喜欢舞刀弄剑、骑马打仗,卫庄公从不对他加以管束。卫国的大夫石碏劝谏卫庄公说:"我听说爱自己的孩子,就必须好好地教导他,这样他才不会走上错误的道路。"卫庄公不听石碏的劝谏,仍然任由州吁任性妄为。

后来,州吁的哥哥继承了王位,州吁果然起兵造反了。他与石碏的儿子石厚勾结,杀死了自己的哥哥,自立为王。石厚为了帮助州吁巩固王位,就去请教父亲石碏。石碏让他们去找陈桓公。于是,石厚与州吁准备了厚礼,去陈国见陈桓公。他们一到陈国,就被陈桓公扣押了。原来,这是石碏事先安排的。后来,石碏派自己的家臣到陈国,把儿子石厚杀了。

见贤思齐[①]

子曰:"见贤思齐焉,见不贤而内自省[②]也。"

解词语

①齐:看齐,学习。
②省:反省。

说意思

孔子说:"见到贤人,便应该想向他看齐;见到不贤的人,便应该反省自己是否有同样的过错。"

见贤思齐

东汉末年,有一位名士叫魏昭。他酷爱读书,为人谦逊,从小就立志成为有学问的人。

当时有个著名的学者叫郭泰,不仅学识渊博,而且品德高尚,很多读书人都拜他为师。魏昭听说后,也来到郭泰门下学习。他不仅听郭泰讲课,还把行李搬来,和郭泰住在一起。郭泰觉得很奇怪,问道:"别人听完课都回家了,你为什么要住在这里呢?"

魏昭回答:"找一位能够传授知识的老师并非难事,但找一位能够教自己做人的老师却不易。我天天和您在一起,不仅是要向您求得学问,还要学习您高尚的人格。"

郭泰听了很感动,觉得魏昭是可造之材,于是更加用心地指导他。在老师的指导下,魏昭更加努力,进步也很快。后来,魏昭成为一位学问高深、志向远大、品德高尚的人。

事父母几①谏

子曰:"事父母几谏,见志②不从,又敬不违③,劳④而不怨。"

解词语

①几:轻微,婉转。
②志:心意。
③违:冒犯。
④劳:忧愁。

说意思

孔子说:"侍奉父母时,如果他们有过错,要婉转地劝阻;看到自己的心意没有被听从,仍然恭恭敬敬,不去冒犯他们;虽然忧愁,但不怨恨。"

讲故事

元觉劝父

古时候,有个孩子叫孙元觉。他从小就聪明懂事,孝顺父母。可是,他的父亲对祖父却很不孝顺。祖父年事已高,体弱多病。父亲嫌弃祖父拖累自己,于是暗自决定把祖父扔掉。一天,父亲把祖父装在筐里,准备送到深山里扔掉。元觉见此情况,哭着请求父亲不要这样做。可是，父亲根本不听。元觉一路哭着跟到了深山，眼见父亲要回去了，他止住哭声，决定用另一个办法规劝父亲。

他对父亲说："您既然执意要把祖父扔掉，我也无法阻拦。但是，我有个小小的要求，希望您能答应。"父亲问："什么要求？"元觉说："我要您把那个筐带回来。"父亲疑惑不解："你要它做什么？"元觉说："将来等您老了，我也要用它把您扔掉啊！"父亲听后，大吃一惊："你怎么会有这样的想法呢？"元觉不慌不忙地回答："父亲怎么教育儿子，儿子就会怎么做。"父亲对自己的行为感到很惭愧，决定把祖父带回家。从此，父亲对祖父很孝顺。

父母之年

子曰:"父母之年,不可不知①也。一则以喜,一则以惧②。"

解词语

①知:记住。
②惧:忧惧,害怕。

说意思

孔子说:"父母的年纪,不可不时时记在心里。一方面因其高寿而欢喜,另一方面又因其衰老而有所忧惧。"

讲故事

伯俞泣杖

汉代有个人叫韩伯俞,非常孝顺。母亲对他的教育十分严格,即使他犯了很小的过错,母亲也会用手杖打他。韩伯俞每次都会跪着受杖,心里对母亲没有任何怨恨。

一天,韩伯俞又犯了错。母亲照例用手杖打他,韩伯俞突然失声大哭。母亲很惊讶,便问他:"以前我用杖打你,你总是心甘情愿地接受,从来没有哭泣。今天为什么会一反常态而哭泣呢?"韩伯俞动情地说:"以前我犯了错,挨打时感觉很疼,我知道您力量足,身体很健康。今天我挨打时没有感觉疼痛,我知道您的体力已经衰退了。所以,我悲伤哭泣啊!"母亲听了,心里很感动。

宰予①昼寝②

宰予昼寝。子曰："朽木不可雕也，粪土之墙不可杇③也；于予与何诛④？"子曰："始吾于人也，听其言而信其行；今吾于人也，听其言而观其行。于予与改是。"

解词语

①宰予：孔子的学生，姓宰，名予，字子我，比孔子小二十九岁。

②昼寝：白天睡觉。

③杇：粉刷。

④诛：责备。

说意思

宰予在白天睡觉。孔子说："腐烂了的木头不能雕刻，粪土的墙壁不能粉刷；对于宰予，我还能责备他什么呢？"孔子又说："最初，我对别人，听到他的话，便相信他的行为；现在，我对别人，听到他的话，还要考查他的行为。宰予的事情，让我改变了态度。"

讲故事

朽木不可雕

宰予是孔子的弟子,思想活跃,擅长辞辩,深得孔子赏识。渐渐地,宰予暴露出了懒惰的毛病。一天,孔子给众弟子讲学,却发现宰予没有来。于是,他就派弟子去找宰予。

过了一会儿,找宰予的弟子回来报告说,宰予在房里睡大觉。孔子听了非常失望,说:"腐烂了的木头不能雕刻,粪土的墙壁不能粉刷;对于宰予,我还能责备他什么呢?"后来,孔子又说:"最初,我对别人,听到他的话,便相信他的行为;现在,我对别人,听到他的话,还要考查他的行为。宰予的事情,让我改变了态度。"

孔子一生勤奋好学,珍惜时间,致力于追求学问。他对懒惰的行为和浪费光阴的行为非常痛心,他对宰予的批评很好地反映了自己的人生观和价值观。

敏而好学，不耻下问

子贡问曰："孔文子④何以谓之'文'也？"子曰："敏而好学，不耻下问，是以谓之'文'也。"

解词语

①敏：勤勉。
②耻：以……为耻。
③下问：向比自己地位低的人请教问题。
④孔文子：卫国大夫孔圉。

说意思

子贡问道："孔文子凭什么得到'文'的谥号？"孔子说："他勤勉好学，不以向比他地位低的人请教问题为耻，所以用'文'字做他的谥号。"

讲故事

孔圉不耻下问

在古代,帝王、诸侯、卿大夫、大臣等死后,根据其生前的事迹及品德,给予一个评定性的称号,这个称号叫作谥号,评定谥号的法则叫作谥法。春秋时期,卫国的大夫孔圉去世后,卫国按照谥法,赠给他一个谥号叫作"文"。因此,孔圉又叫孔文子。这是一项很高的荣誉。

孔子的学生子贡认为孔圉生前也有过错,并不应该被授予这么高的荣誉。于是,他向孔子问道:"孔文子凭什么得到'文'的谥号?"孔子说:"他勤勉好学,不以向比他地位低的人请教问题为耻,所以用'文'字做他的谥号。"

孔子通过回答子贡的问题,对孔圉给予了很高的评价,也体现了孔子治学的态度。

子谓子产^①

子谓子产，"有君子之道四焉：其行己也恭，其事上^②也敬，其养民也惠，其使民也义"。

解词语

①子产：春秋时郑国的大夫，姓公孙，名侨，字子产，郑穆公之孙。

②事上：侍奉君主。

说意思

孔子评论子产，说"他有四种行为合乎君子之道：他自己的行为庄重谦恭，他侍奉君主负责恭敬，他教养百姓有恩惠，他役使百姓合乎道义"。

讲故事

子产不毁乡校

子产是春秋时郑国的大夫,也是历史上著名的政治家、思想家,先后辅佐郑简公、郑定公。他在执政期间,使郑国呈现出中兴局面。

春秋时期,乡校是人们休闲聚会的场所,也是议论政治的地方。当时,郑国人经常到乡校讨论执政者的施政措施。郑国的大夫然明对子产说:"把乡校废除掉,你觉得怎么样?"子产说:"为什么要废除呢?人们劳动之余在乡校彼此交流,对施政措施进行讨论,他们喜欢的,我们就推行;他们厌恶的,我们就改正。我听说过努力做好事来减少怨恨,没听说过倚仗权势来防止怨恨。快速制止这些议论还不容易吗?但是那样做了,就像治理河流一样——河水大决口必然造成巨大的损害,伤害的人很多,我是无法挽救的;与其这样,还不如开个小口进行疏导。因此,我们应该听取这些议论,把它当作治病的良药。"

然明说:"我现在终于知道,您确实可以成大事,郑国真的有了依靠。"

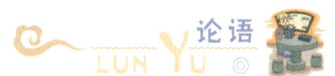

晏平仲①善与人交

yàn píng zhòng shàn yǔ rén jiāo

zǐ yuē yàn píng zhòng shàn yǔ rén jiāo jiǔ ér jìng zhī

子曰："晏平仲善与人交，久而敬之。"

解词语

①晏平仲：齐国的贤大夫晏婴，史称"晏子"。

说意思

孔子说："晏平仲善于和人交往，与他相处得越久，别人就越敬重他。"

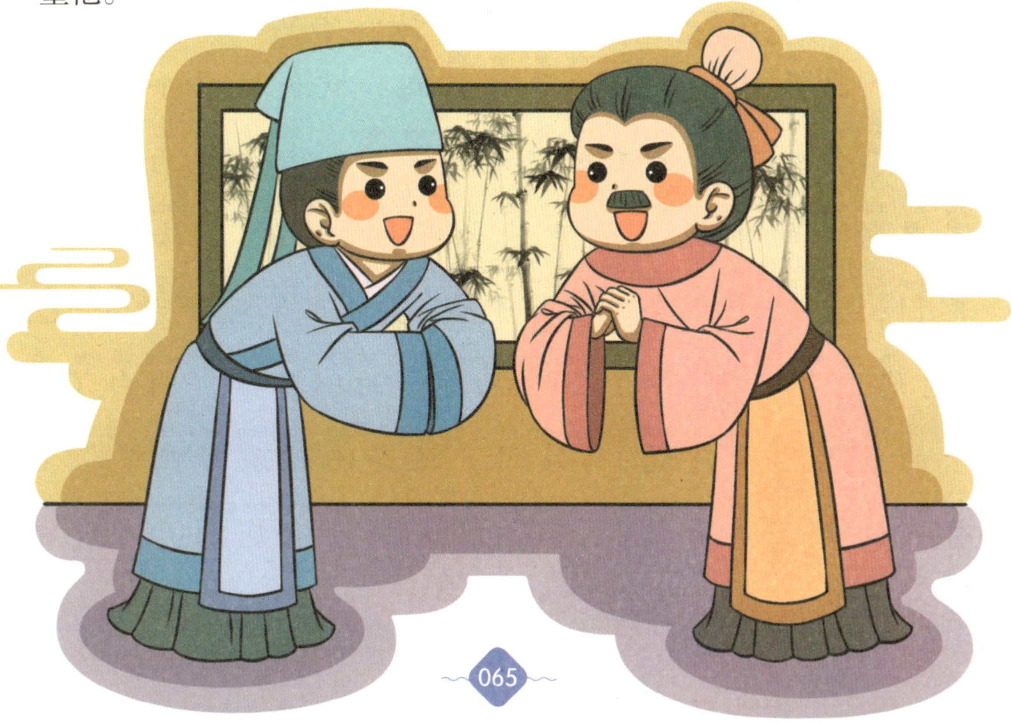

晏子巧谏齐景公

春秋时期,齐国的国君齐景公非常喜欢鸟。有一次,他得到了一只漂亮的鸟,心里特别高兴。于是,他让一个叫烛邹的人专门负责喂养这只鸟。

然而,过了几天,烛邹一不小心,让那只鸟飞走了。齐景公大怒,要亲手杀死烛邹。这时,晏子对齐景公说:"请您允许我宣布他的罪状后,再杀他。这样,可以让他死得明白。"齐景公答应了。晏子走到被捆绑起来的烛邹面前,严厉地说:"你犯了死罪,罪状共有三条——国君让你养鸟,你却不小心让鸟飞走了,这是第一条;为了一只鸟,就使国君杀人,这是第二条;其他诸侯知道这件事后,都会认为我们的国君对鸟的重视程度胜过老百姓的性命,从而蔑视我们,这是第三条。"晏子说完,回身对齐景公说:"请您下令吧。"齐景公听完晏子的一番话,明白了晏子的意思,于是说:"算了,还是把他放了吧!"接着,他走到晏子面前,说:"如果没有您的开导,我就犯了大错呀!"

贤哉，回①也

子曰："贤哉，回也！一箪②食，一瓢饮，在陋巷，人不堪③其忧，回也不改其乐。贤哉，回也！"

解词语

①回：指颜回，孔子的学生。

②箪：古代盛饭的圆形竹器。

③堪：能忍受，能承受。

说意思

孔子说："颜回真是贤良啊！他只有一箪饭，一瓢水，住在简陋的小巷子里，别人都忍受不了那穷苦的困扰，颜回却很快乐。颜回真是贤良呀！"

讲故事

贤良的颜回

颜回是春秋时期著名的思想家，学识渊博，德行高尚。他十三岁拜孔子为师，是孔子最得意的弟子。

颜氏家族本是鲁国的贵族世家，到颜路、颜回父子时，除了保有祖传的贵族身份及颜路的鲁卿大夫头衔，便只有城外的五十亩土地、城内的十亩土地和陋巷简朴的住宅了，生活条件非常艰苦。颜回简居于陋巷，不以贫穷为耻，以求学为乐，始终保持自己高尚的节操。孔子称赞他："颜回真是贤良啊！他只有一箪饭，一瓢水，住在简陋的小巷子里，别人都忍受不了那穷苦的困扰，颜回却很快乐。"

颜回一生没有做官，大多时间追随孔子讲学。孔子问他："你家庭贫困，为什么不去做官呢？"颜回回答："我不愿意做官。城外的五十亩土地，足以供给我粮食；城内的十亩土地，足够我种麻养蚕；弹琴足以使我欢娱，师从先生所学的道理足以使自己快乐。"孔子对其赞赏有加。

公元前481年，颜回先于孔子去世。孔子对他的早逝感到十分悲痛，哀叹道："唉！上天是要我的命呀！上天是要我的命呀！"

知之、好之与乐①之

子曰:"知之者不如好之者,好之者不如乐之者。"

解词语

①乐:以……为乐。

说意思

孔子说:"对于任何学问和事业,懂得它的人不如喜好它的人,喜好它的人不如以它为乐的人。"

刘恕乐学

刘恕是北宋时期著名的大学者,尤其擅长史学,曾协助司马光编修《资治通鉴》。他一生勤奋好学,博览群书,以学为乐。

刘恕天生聪慧，自幼学习儒家经书。他每日记诵，乐在其中，常常废寝忘食。八岁时，家中有客人说孔子没有兄弟，他立刻举出《论语》中的"以其兄之子妻之"进行反驳，众人惊叹于他的学识。

刘恕十八岁时被举为进士，当时的主考官向他提了很多关于《春秋》和《礼记》的问题，他都对答如流。他不仅列举先儒们的不同看法，还发表了自己的见解，主考官大为惊异。

后来，司马光主持编修《资治通鉴》，刘恕受聘协助编修。每当遇到纷繁复杂的史事，都由他来处理。刘恕的学识受到了世人的赞赏，他的乐学精神让人敬佩。

学而不厌，诲人不倦

子曰："默而识①之，学而不厌，诲人不倦，何有②于我哉？"

解词语

①识：记住。
②何有：有什么。

说意思

孔子说："把所见所闻默默地记在心里，努力学习而不满足，教导别人不知疲倦，这些事情我做到了哪些呢？"

讲故事

学而不厌的顾炎武

顾炎武是明末清初著名的学者，与黄宗羲、王夫之并称明末清初"三大儒"。他学识渊博，在经学、史学、音韵、诗文等众多领域，都有很深的造诣。

顾炎武从小就勤奋刻苦，学而不厌。在他年少时，祖父教他读《资治通鉴》，并告诫他："有些人读书图省事，只浏览纲目，我认为这是不足取的。"顾炎武认识到，读书做学问要脚踏实地。于是，他采取了"自督读书"的方法，他给自己规定好每天必须读完的卷数，并严格要求自己把所读的内容抄写一遍。此外，他每读一本书都要做笔记，写下心得体会。

顾炎武长大后，每次外出旅行时，都用马或骡子驮着沉甸甸的书。他对待学问非常严谨，每当发现一个地方的情况与自己知道的有所不同，他就会打开相关的书籍进行认真核对、校正，从不厌倦。

顾炎武凭着学而不厌的治学态度和孜孜不倦的探索精神，取得了伟大的成就。

德之不修①

子曰："德之不修，学之不讲，闻义不能徙②，不善不能改，是吾忧也。"

解词语

①修：培养。
②徙：迁移，这里指迁而从义。

说意思

孔子说："品德不加培养，学问不加讲习，知道了道义却不能相从，有错误不能改正，这些都是我所忧虑的啊！"

抱薪救火

战国时期，秦国通过变法改革逐渐强盛起来，野心也越来越大。为了扩张自己的领土，秦国开始攻打其他国家。有一年，秦国派兵攻打魏国。魏国的军事实力明显落后于秦国，国都眼看就要被攻破，国家危在旦夕。

这时，有人提议把南阳割让给秦国，请求罢兵议和。大臣苏代坚决反对，并对魏王说："秦国贪得无厌，您想用领土换取和平是不可能的。只要魏国的国土还在，就无法满足秦国的欲望。这就像抱着柴草去救火，柴草不断地投入火中，火怎么能扑灭呢？柴草不烧完，火就永远不会熄灭。"可是，魏王根本不听苏代的劝告，为了眼前的太平，还是把魏国大片土地割让给了秦国。过了不久，秦军果然又向魏国大举进攻，魏国因此被灭掉了。

饭疏食①

子曰:"饭疏食,饮水②,曲肱③而枕之,乐亦在其中矣。不义而富且贵,于我如浮云。"

解词语

①疏食:粗粮。

②水:冷水。在古代,冷水为水,热水为汤。

③肱:胳膊。

说意思

孔子说:"吃粗粮,喝冷水,弯着胳膊当作枕头,也有乐趣。不符合道义而得来的富贵,在我看来好像浮云。"

不为五斗米折腰

陶渊明是东晋著名的文学家,一生淡泊名利,安贫守节。

陶渊明生活的时代,朝政日益腐败,官场黑暗。他曾怀着"大济苍生"的志向,出任江州祭酒,但因看不惯官场上的恶劣作风,不久就辞官回家了。

后来,在朋友的劝说下,他做了彭泽县令。在他上任八十一天的时候,郡里派了一个叫刘云的督邮来检查工作。刘云贪婪凶狠,经常以巡视为由向辖县索要贿赂,辖县如果不给,他就栽赃陷害。因此,县吏告诉陶渊明应当穿戴整齐,准备好礼品,恭敬地去迎接他。陶渊明叹道:"我怎能为了县令的五斗薪俸,就低声下气去向这些小人贿赂献殷勤?"说完,他便取出官印,把它封好,辞职归乡。

从此,他过上了宁静、自由的田园生活。他虽然生活清苦,但是获得了心灵自由和人格尊严,因而写出了独具一格的诗文,为后人留下了宝贵的文学财富。

叶公①问孔子于子路

叶公问孔子于子路，子路不对。子曰："女奚②不曰，其为人也，发愤忘食，乐以忘忧，不知老之将至③云尔④。"

解词语

①叶公：管辖叶地的大夫，名叫沈诸梁。叶，楚地名，在今河南叶县南三十里。

②奚：为什么。

③至：到来，到达。

④云尔：而已，罢了。云，如此。尔，通"耳"。

说意思

叶公向子路问孔子的为人，子路没有回答。孔子道："你为什么不这样说呢，他的为人，用起功来便忘记吃饭，快乐起来便忘记忧愁，不知道衰老就要到来，如此罢了。"

讲故事

孔子乐以忘忧

孔子是我国古代著名的思想家和教育家,一生历经坎坷。他在晚年率领众弟子周游列国,在六十四岁那年,他来到了楚国的叶地。

当时,管辖叶地的是楚国的大夫沈诸梁。对于孔子的名声,沈诸梁早有耳闻。他知道,孔子是著名的大学者,学识渊博,门下有众多优秀的弟子。他听说孔子到来,便热情地接待了孔子和其弟子们。但是,他对孔子本人并不是很了解。于是,他悄悄地问孔子的弟子子路,孔子究竟是个什么样的人。子路一时不知该如何作答,就没有作声。

后来,孔子知道了这件事,就对子路说:"你为什么不这样说呢,他的为人,用起功来便忘记吃饭,快乐起来便忘记忧愁,不知道衰老就要到来,如此罢了。"孔子的回答,体现了他积极乐观的心态。

三人行

子曰:"三人行,必有我师焉①。择其善者②而从之,其不善者而改之。"

解词语

①焉:于此,意思是在其中。
②善者:好的方面,优点。

说意思

孔子说:"几个人一起走路,其中一定有人可以做我的老师。我选择他们的优点去学习,有类似缺点就及时改正。"

孔子拜师

春秋时期,鲁国有一位神童叫项橐,相传孔子曾拜他为师。

一天,七岁的项橐和伙伴们在路上玩筑土为城的游戏。孔子东游讲学,率众弟子正好经过这里。项橐和伙伴们只顾玩儿游戏,没有避让孔子的车。孔子的弟子下车责备他们无礼,项橐说:"自古以来,都是车子绕城而走。我从未听说城堡避让车子的事情。"孔子见项橐才思敏捷,说得头头是道,心里很高兴,便令弟子绕道而行。

孔子心想,这个孩子如此聪明,我要考考他。于是,孔子抛出一连串的问题,故意为难项橐。没想到,年幼的项橐却对答如流。孔子很惊讶,对他连连称赞。

接着,项橐又对孔子提出了一连串的问题,孔子却回答不上来。当项橐把答案告诉孔子时,孔子惊叹于项橐的聪明才智和渊博知识,感慨地说:"后生可畏也。"

孔子对众弟子说:"项橐虽然年纪还小,但是可以做我的老师了。"于是,孔子便拜项橐为师,并和项橐成为忘年交。

奢则不孙

子曰:"奢①则不孙②,俭③则固④。与其不孙也,宁固。"

解词语

①奢:奢华,奢侈。
②孙:通"逊",谦恭。
③俭:俭朴。
④固:简陋,寒酸。

说意思

孔子说:"奢华就显得骄傲,俭朴就显得寒酸。与其骄傲,宁可寒酸。"

讲故事

清廉节俭的吴隐之

东晋时期,有一位名士叫吴隐之,家境贫寒,生活简朴。但是,他志存高远,饱读诗书,后来入仕为官。

吴隐之为官后,以清廉节俭著称。有一年,朝廷任命他为广州刺史。他在赴任的途中,走到距离广州二十里处的石门时，遇到一个山泉，当地人说喝了这个山泉的水就会变得无比贪婪，因此，这个山泉被命名为"贪泉"。吴隐之对家人说："如果心里根本没有邪念，就不会做贪赃枉法的事情。人们传言过了岭南就会丧失廉洁的作风，根本不可信。"说着，他走到泉边舀上泉水就喝了下去。吴隐之上任后，廉洁奉公，生活简朴，吃的是稻米、蔬菜和干鱼，穿的是粗布衣衫，住处的帐帷、器物、摆设都交到库房。同时，他严惩贪官污吏，整顿官场作风。渐渐地，广州的官场风气好转了。

后来，吴隐之升任度支尚书、太常，仍然洁身自好，勤俭朴素。他把所得的俸禄留够口粮，其余的都散发给别人。他妻子以纺线为生，不沾一份俸禄。吴隐之在寒冬时节读书，常身披着棉被御寒。

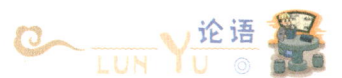

jūn zǐ yǔ xiǎo rén
君子与小人

zǐ yuē jūn zǐ tǎn dàng dàng xiǎo rén cháng qī qī
子曰："君子坦荡荡，小人长戚戚①。"

解词语

①戚戚：忧惧。

说意思

孔子说："君子胸怀宽广坦荡，小人却经常忧惧。"

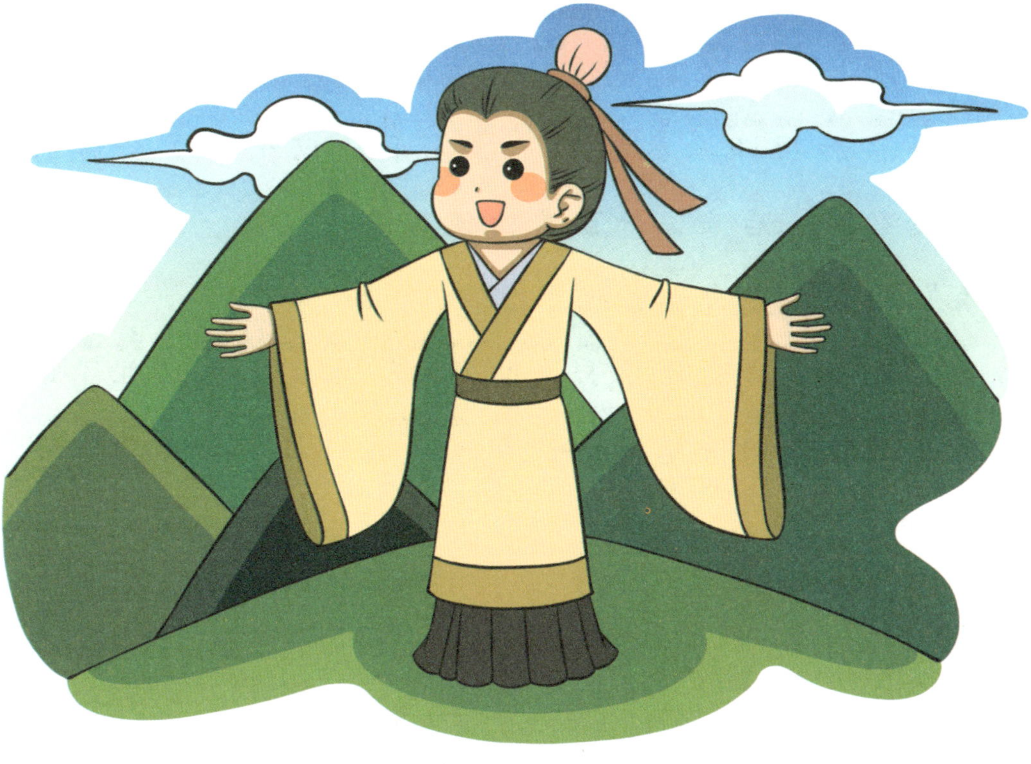

岳飞尽忠报国

岳飞幼年时家境贫寒,母亲常常用树枝在沙地上教他认字、写字,还鼓励他勤加练武。由于勤奋好学,岳飞不仅学识渊博,还练就了一身好武艺。

当时,北方的金兵时常侵扰中原。母亲鼓励岳飞入伍从军报效国家,并在他的背上刺了"尽忠报国"四个大字。岳飞从不敢忘记母亲的教诲,"尽忠报国"成了岳飞终生的信条。岳飞率领军队痛击金军,收复了大片失地。可就在岳飞节节胜利的时候,宋高宗和投降派秦桧却一味求和,以十二道金牌将岳飞召回。后来,奸臣秦桧诬告岳飞谋反,以"莫须有"的罪名将岳飞害死了。

最终,历史还了岳飞的清白,人们永远记住了这位尽忠报国的英雄。秦桧却被永远钉在了历史的耻辱柱上。

士不可以不弘毅①

曾子曰:"士不可以不弘毅,任重而道远。仁以为己任,不亦重乎?死而后已,不亦远乎?"

解词语

①弘毅:抱负远大,意志坚定。弘,心胸宽广。毅,坚毅。

说意思

曾子说:"读书人不可以不抱负远大、意志坚定,因为他肩负重大的使命,要跋涉遥远的路途。把实现仁德作为自己的责任,这不是很重大吗?为此奋斗终生,到死方休,不是很遥远吗?"

班超投笔从戎

东汉时期,有一位著名的将领叫班超。他从小就刻苦用功,立志要报效国家。当时,北方的匈奴常常袭扰汉朝的边境,对东汉经济的发展和人民的生活形成了严重的威胁。

由于家境贫困,班超长大后靠为官府抄写东西来维持生活。一天,他正在抄写时,突然想起自己的志向,把笔一扔说:"大丈夫应该像傅介子、张骞那样,为国家建功立业,哪能总在笔墨之间讨生活!"于是,班超毅然投笔从军,随大将窦固在战场上征战,建立了无数功勋。

后来,班超又奉命出使西域。他凭借非凡的政治智慧和军事才能,在西域的三十一年中,不仅维护了东汉的安全,而且加强了与西域各属国的联系。

巍巍乎

子曰："巍巍乎！舜②、禹③之有天下也，而不与④焉。"

解词语

①巍巍：崇高，高大。

②舜：又称帝舜、虞舜、舜帝，父系氏族社会后期的部落首领，"三皇五帝"之一。

③禹：又叫大禹、夏禹，传说中夏后氏的部落领袖，曾奉舜的命令治理洪水。

④与：参与，关联。这里含着"私有""享受"的意思。

说意思

孔子说："多么崇高啊！舜和禹贵为天子，富有四海，却一点也不为自己谋私利。"

讲故事

大禹治水

尧在位的时候，中原地带洪水泛滥，百姓的生命财产遭受了巨大的损失。尧决心让人治理水患，大禹的父亲鲧接受了这一艰巨的任务。鲧采取的办法是围堤筑坝，用土堵水。经过多年的治理，水患不仅没有消除，反而越来越严重。

舜即位后，处死了鲧，命大禹继续治理水患。禹决定完成父亲未竟的事业，他亲自带领大家对高山、大河进行勘察，设下标记，详细记录。然后，根据地形疏通河道，引导洪水顺着河道流向大海。

经过十三年艰苦卓绝的努力，水患终于得到治理。治理水患期间，大禹克服了重重困难，战胜了无数艰难险阻。他夜以继日地工作，从不放松，永不懈怠。儿子启出生那天，他从门外经过，听见哭声，却没有进去看上一眼。治理水患的十三年中，他多次经过自己的家门，一次也没进去过。大禹的精神感召了无数人。

后来，舜把帝位传给了他。

逝者如斯夫

子在川上③曰:"逝者如斯夫!不舍④昼夜。"

解词语

①逝:往,离去。
②斯:这,指河流。
③川上:河边。川,河流。
④舍:停留。

说意思

孔子在河边叹道:"消逝的时光就像这河水一样吧!日夜不停地流着。"

师旷劝学

师旷是春秋时期著名的政治家、教育家、音乐家,他学识渊博,善于辩论,深受晋平公的信任。

有一次,晋平公问师旷:"我已经七十岁了,现在想要学习,恐怕已经晚了吧?"

师旷回答说:"您为什么不点燃蜡烛呢?"

晋平公说:"哪有做臣子的戏弄他的君主的?"

师旷回答说:"我怎敢戏弄君主呢?我听说,少年时喜欢学习,就像太阳刚刚升起时的阳光;壮年时喜欢学习,就像正午的阳光;老年时喜欢学习,就像点燃蜡烛照明时的光亮。点燃蜡烛照明与摸黑走路相比,您说哪个好呢?"晋平公听后,说:"说得好啊!"

师旷用形象的比喻,阐述了惜时学习的重要性,成功说服了晋平公。

三军可夺帅也

子曰："三军可夺帅也，匹夫③不可夺志也。"

解词语

①三军：指军队。
②夺：改变。
③匹夫：指平民中的男子。

说意思

孔子说："一国军队，可以使它失去主帅；一个男子汉，却不能强迫他改变志向。"

讲故事

文天祥宁死不屈

南宋末年，元军大举进攻南宋。在一次战役中，文天祥被元军俘虏。元世祖派人数次劝降，文天祥始终不为所动。元世祖见劝降无果，便把他移送到兵马司衙门囚禁起来。文天祥在狱中的三年，受尽了折磨，但他毫不动摇，宁死不屈。

元世祖决定亲自去劝降。他对文天祥说："我很佩服你的忠心，你的精神很可贵。如果你能改变主意为元朝效力，我将授予你丞相的官职。"文天祥慷慨地说："我是宋朝的宰相，怎么能再做元朝的臣子？如果接受了元朝的高官厚禄，我死后哪还有脸去见地下的那些忠臣烈士？"元世祖说："你不愿做丞相，做枢密使怎么样？"文天祥坚决地说："我别无他求，但求一死！"

文天祥迭经威胁利诱却始终不屈的伟大精神，至今为人们所传颂。

知①者、仁者与勇者

子曰："知者不惑，仁者不忧，勇者不惧。"

解词语

①知：通"智"，聪明，智慧。

说意思

孔子说："聪明的人不疑惑，仁德的人不忧愁，勇敢的人不畏惧。"

讲故事

有志者事竟成

耿弇是东汉时期的著名将领，一生战功卓著。

有一次，耿弇奉光武帝刘秀之命，率军攻打地方豪强张步。战斗异常激烈，耿弇身先士卒，勇敢冲锋。突然,他的腿部被一支箭射中。为了不影响战斗,他拔出佩刀将箭斩断,继续冲锋陷阵。耿弇的精神鼓舞了大家,军队士气大振,士兵们个个勇往直前,奋力拼杀。最终,耿弇率军击败了敌人。

战争结束后,光武帝对耿弇说:"以前你要求平叛,我认为你口气太大,担心你难以成功。如今才知道,有志气的人,做事一定会成功的。"

孝哉闵子骞

子曰:"孝哉闵子骞!人不间①于其父母昆②弟之言。"

解词语

①间:批评,挑剔。
②昆:哥哥。

说意思

孔子说:"闵子骞真是孝顺啊!人们对他爹娘兄弟称赞他的话从来没有异议。"

讲故事

单衣顺母

闵子骞是孔子得意的弟子之一,以孝道闻名。闵子骞年少时,母亲就去世了。父亲娶了继母,又生了两个弟弟。在父亲面前,继母总是装出一副慈母的模样。其实,她一点儿也不疼爱闵子骞。

一年冬天,继母给孩子们做棉袄。闵子骞的棉袄里面絮的都是芦苇花绒,看起来很厚,但是不暖和。

她两个亲生儿子的棉袄里絮的是丝绵,看上去比较薄,但是很暖和。

有一次,父亲带闵子骞兄弟三人外出,让闵子骞在前边赶车。闵子骞冻得瑟瑟发抖,不小心把缰绳掉在了地上,马车失去了控制。父亲非常生气,说:"你真没出息,棉袄这么厚,还冻得打哆嗦!你两个弟弟的棉袄比你的薄,也没像你冻成那个样子。"父亲越说越生气,夺过马鞭子抽在闵子骞的身上,一不小心把棉袄抽破了,芦苇花绒飞了出来。父亲再捏捏另外两个儿子的棉衣,明白了事情的真相,知道自己冤枉了闵子骞。

于是,父亲大骂妻子不贤惠,决定休了她。闵子骞含泪哀求父亲不要休了继母,说:"母在一子寒,母去三子单。"意思是说,如果父亲休了继母,两个弟弟将来也会像自己一样受苦。闵子骞的话感动了父母。从此,继母像对待亲生儿子一样对待闵子骞。

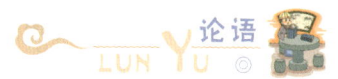

君子成①人之美

jūn zǐ chéng rén zhī měi

子曰："君子成人之美，不成人之恶。小人反是②。"

zǐ yuē jūn zǐ chéng rén zhī měi bù chéng rén zhī è xiǎo rén fǎn shì

解词语

①成：成全。

②是：这，这样。

说意思

孔子说："君子成全别人的好事，不促成别人的坏事。小人却正好与这相反。"

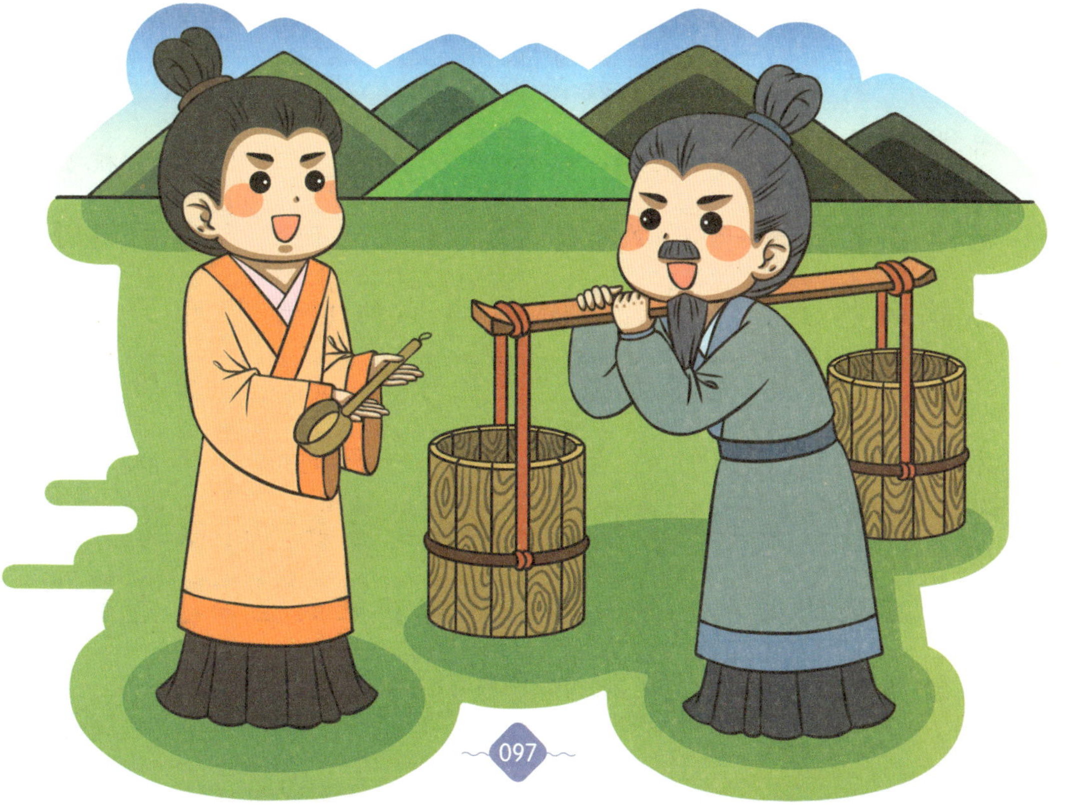

讲故事

惠民巷的由来

苏轼是北宋时期著名的文学家、政治家。他不仅文学造诣很深,而且德行高尚,关心人民疾苦。

有一年,朝廷任命苏轼担任杭州太守。他一到杭州,就遇到瘟疫大流行,杭州城的大街小巷,到处可见求医的穷苦百姓。而一些不法商人,乘机大发横财,根本不关心老百姓的死活。苏轼见此情形,心中悲愤不已,决定解决这一问题。

苏轼回到家中,想起妻子的娘家有秘传的"圣散子"药剂,可以有效治疗疾病,消除瘟疫。于是,苏轼向妻子提出变卖一些家产,用来开药局救治杭州的老百姓。妻子是心地善良、通情达理之人,同意了苏轼的想法。不久,苏轼在当地的巾子巷开了一家"惠民药局",免费发放"圣散子"。老百姓纷纷前来求药,得到了及时的治疗。过了一段时间,苏轼又在众安桥和江干开了分药局,方便老百姓就近取药。

苏轼的义举,挽救了很多老百姓的生命。老百姓感念苏轼的恩德,就把巾子巷改名为惠民巷。

子贡问友

子贡问友。子曰:"忠告而善道①之,不可则止,毋②自辱焉。"

解词语

①道:通"导",引导。
②毋:不要。

说意思

子贡问怎样对待朋友。孔子道:"真诚地劝告他,好好地引导他,他不听就适可而止,不要自取其辱。"

忠言逆耳

秦朝末年,刘邦率大军攻占了秦朝的都城咸阳。他来到秦宫,被华丽的建筑和无数的宝物吸引。于是,他打算在宫内好好享受一下。

将军樊哙得知后,劝他不要贪图享乐,要以天下为重。可是,刘邦根本听不进去。

谋士张良听说此事后,也来劝刘邦:"秦朝不得民心,才会被推翻。您现在刚进入秦地就想享乐,到最后会落得和秦朝一样的下场。俗话说,'忠诚正直的劝告听起来往往不顺耳,但有利于行为;好的药吃的时候很苦,但有利于治病'。您应该听从樊哙的忠告。"刘邦听后,终于醒悟过来。于是,他下令封了仓库,关掉宫门,带着将士们回到了灞上。

身正①与身不正

子曰:"其身正,不令②而行;其身不正,虽令不从。"

解词语

①正:行为正当。
②令:命令,政令。

说意思

孔子说:"当权者自己行为正当,不下达命令,事情也能实行。自己行为不正当,即使三令五申,老百姓也不会听从。"

奉公守法

战国时期,赵国有位著名的将军叫赵奢。他能征善战,为赵国立下过很多战功。

赵奢曾担任田部吏,负责征收租税。他执法严明,不畏权贵。有一次,他到平原君家征收租税。平原君的家人仗着平原君显赫的家世,拒不交租。于是，赵奢依法杀了平原君的手下。平原君非常生气，扬言要杀掉赵奢。赵奢没有丝毫惧色，他平静地对平原君说："您身为赵国的贵公子，纵容家人拒交租税，这既破坏了国家的法律，也有损您的形象。以您的地位和权势，如果您能够做到奉公守法，人人都会尊敬您、效法您。"平原君听后，觉得赵奢说得很有道理，就让家人交上了租税。

子夏为莒父①宰②

子夏为莒父宰，问政。子曰："无欲速③，无见小利。欲速则不达，见小利则大事不成。"

解词语

①莒父：鲁国的一个城邑。
②宰：古代官名。
③无欲速：不要图快。

说意思

子夏做了莒父邑宰，问孔子怎样治理政事。孔子说："不要图快，不要顾小利。一味图快，反而达不到目的；只顾小利，大事就办不成功。"

讲故事

公孙仪拒绝甲鱼

战国时期，鲁国有个宰相叫公孙仪。他虽然身居高位，但是严于律己、清正廉洁。

公孙仪非常喜欢吃新鲜的甲鱼。于是，很多人上门给他送甲鱼,公孙仪却一一谢绝了。公孙仪的弟弟对此很不理解,便问道:"哥哥,你明明很喜欢吃甲鱼,为什么别人好心给你送来,你却都拒绝了呢?"公孙仪说:"正因为我喜欢吃甲鱼,所以才不能收。我现在身居高位,如果接受了他们送我的甲鱼,我就必定要迁就他们的行为,那样就很有可能会违反法律。吃几条甲鱼固然是微不足道的事情,但是经常收别人的礼品,就会落个受贿的坏名声,甚至连宰相的官位也会丢掉。到那时,我再爱吃甲鱼,恐怕也吃不成了。现在,我保持廉洁的作风,不收别人的甲鱼,倒还可以安心地吃甲鱼。"公孙仪的弟弟听后,连连点头。

有德者必有言

子曰："有德者必有言,有言者不必有德。仁者必有勇,勇者不必有仁。"

说意思

孔子道："有道德的人一定有名言,但有名言的人不一定有道德。仁德的人一定勇敢,但勇敢的人不一定仁德。"

讲故事

孙叔敖杀蛇

孙叔敖是春秋时期著名的政治家，以贤能闻名于世。

孙叔敖少年时，有一次出门游玩，发现了一条长着两个头的蛇。他大吃一惊，心里非常害怕。因为他听人说，两头蛇是一种不吉利的动物，谁要是见到它谁就会死去。

孙叔敖正要离开，可转念一想：自己看见它已经够倒霉了，如果留着它，别人看见了还会倒霉的。于是，他就把蛇杀死了，然后埋在了地下。

回到家后，孙叔敖哭着把自己的经历告诉了母亲。母亲听后，笑着对他说："孩子，别害怕，你死不了。在遇到危险时还想着别人的人德行高尚，福气会降临到他的身上，所以他是不会轻易死去的。"

后来，孙叔敖做了楚国的令尹。他还没有开始治理国家，人们就都已经相信他是个仁慈的人了。

志士仁人

子曰："志士仁人，无求生以害②仁，有杀身以成③仁④。"

解词语

①志士仁人：指有志向、有道德的人。
②害：损害，破坏。
③成：成全。
④仁：仁德。

说意思

孔子说："有志向、有道德的人，没有因贪生怕死而损害仁德的，只有勇于牺牲生命来成全仁德的。"

讲故事

宁为玉碎，不为瓦全

高洋是东魏孝静帝时期的丞相，位高权重。公元550年，不甘居于相位的高洋逼迫孝静帝禅位，自己登基称帝，改国号为齐，史称北齐。第二年，心狠手辣的高洋毒死了孝静帝，并杀害了他的三个儿子。

高洋篡位弑君后,心里一直都不踏实,于是问一个亲信:"西汉末年,王莽夺取了汉朝的天下,为什么光武帝刘秀能重新把天下夺回来呢?"那个亲信深知高洋的心思,便回答说:"这是因为王莽当初没有彻底消灭刘氏宗室的人。"于是,高洋大开杀戒,处死了东魏宗室近亲700多人。

东魏宗室的远房宗族得知后,非常恐慌,担心高洋有朝一日也会对他们痛下杀手。于是,他们聚在一起商量对策。当时,元姓宗族里有个县令叫元景安,他说:"我们想要保命,唯一的办法是请求高洋准许我们脱离元氏,改姓高氏。"

元景安的堂兄元景皓听后,非常气愤,他说:"我们怎么能抛弃本宗,改为他姓呢?这是对祖宗的背叛。大丈夫宁可做一块被摔碎的玉石,也不愿做一块勉强保全的瓦片。我宁愿为保持气节而死,也不愿为了活命而受辱!"

后来,元景安向高洋告密,高洋处死了元景皓。而元景皓的事迹却世代流传,他宁死不屈的气节为后世赞颂。

远虑①与近忧②

子曰："人无远虑，必有近忧。"

解词语

①远虑：长远的考虑。
②近忧：眼前的忧患。

说意思

孔子说："一个人没有长远的考虑，一定会有眼前的忧患。"

高枕无忧

战国时期，齐国有一位贵族叫孟尝君。他养了三千门客，冯谖便是其中的一个。一天，他派冯谖到薛地要债。冯谖到达薛地后，让所有欠债的人把借据拿出来。然后，他假装按照孟尝君的吩咐把这些借据都烧掉，说："孟尝君把大家的债务都免了。"百姓们都很高兴，可孟尝君非常生气。

几年后，孟尝君被齐王罢免回到薛地，没想到，当地的老百姓都来迎接他。过了不久，冯谖又对孟尝君说:"一只兔子要有三个洞用来藏身,才能避免被猎人猎杀的危险。您现在住在薛地,就像兔子只有一个洞,还是非常危险的!如果齐王哪天对您不满意要杀您,您连其他躲藏的地方都没有。因此,您现在还不能把枕头垫高,安心地睡觉!"孟尝君问冯谖该怎么办。于是,冯谖到梁国去见梁惠王,告诉梁惠王孟尝君很有能力。梁惠王听后,立刻派人去请孟尝君到梁国做相国。这个消息很快传到了齐王那里,齐王很快用隆重的礼节来请孟尝君回去做相国。与此同时,冯谖又让孟尝君在薛地建立宗庙,以保证薛地的安全。当宗庙建好后,冯谖对孟尝君说:"现在三个洞都已挖好了,您现在可以把枕头垫高,安心地睡觉了!"

巧言乱^①德

子曰："巧言乱德。小不忍，则乱大谋^②。"

解词语

①乱：败坏。
②谋：谋划的事情。

说意思

孔子说："花言巧语足以败坏道德。在小事情上不忍耐，就会败坏大事情。"

讲故事

孙膑成就伟业

战国时期，孙膑与庞涓同拜鬼谷子为师，一起学习兵法。过了一段时间，庞涓去了魏国，谋求自己的仕途。魏王很赏识庞涓的才能，很快就提拔庞涓做了大将军。

几年后，在庞涓的邀请下，孙膑也来到了魏国。庞涓深知孙膑的才能高于自己，心生嫉妒，于是捏造罪名迫害孙膑。他将孙膑处以膑刑和黥刑，想让孙膑从此埋没于世。孙膑的肉体和心灵遭受如此重大的打击，痛苦不堪。但是，他决定忍辱负重活下去，寻找机会逃走。

有一次，齐国派使者出使楚国。孙膑寻找机会，秘密拜见了齐国的使者。齐国的使者觉得孙膑很有才能，也很同情他，便偷偷地把他带回齐国。孙膑来到齐国后，被齐王任命为军师。他辅佐齐国的大将田忌两次击败庞涓，取得了桂陵之战和马陵之战的胜利，奠定了齐国的霸业，也完成了对庞涓的复仇。

孙膑依靠坚忍不拔的毅力，成就了伟业，成为伟大的军事家。

过而不改

子曰:"过而不改,是谓过矣。"

说意思

孔子说:"有错误而不改正,这就是真正的错误了!"

讲故事

烽火戏诸侯

周幽王是西周的最后一个君主,他昏庸无道,不问政事。周幽王有个妃子叫褒姒,生得貌美如花,他对褒姒特别宠爱。可是,褒姒自从入宫后,从来没有笑过。为了博得褒姒一笑,周幽王想尽了各种办法,都无济于事。于是,周幽王下令:谁能令褒姒一笑,赏金千两。

当时,周王朝为防备犬戎侵扰,在都城镐京附近的骊山一带修了二十几座烽火台。一旦犬戎侵袭,哨兵就会点燃烽火，向附近的诸侯报警。诸侯看到烽火，就会明白都城告急，而后起兵前来救援。有个奸臣叫虢石父，给周幽王出了个主意，他让周幽王点燃烽火台上的烽火，引导诸侯发兵前来，以此来逗褒姒发笑。

昏庸的周幽王采纳了虢石父的建议，带着褒姒登上了烽火台，命令守兵点燃烽火。附近的诸侯看到烽火后，以为犬戎来袭，赶紧率领军队前来救援。他们到达骊山脚下，发现周幽王正和褒姒饮酒作乐，根本没有犬戎的兵马。诸侯知道自己被戏弄了，纷纷掉转马头回去了。褒姒看到这一切，觉得好玩，终于笑了。之后，周幽王又几次点燃烽火。渐渐地，没有一个诸侯再来了。

后来，犬戎真的打过来了。这次周幽王点燃烽火，召集诸侯发兵救援，却没有一个诸侯前来。周幽王被杀死，西周灭亡了。

益者三友

孔子曰:"益者三友,损者三友。友直,友谅①,友多闻,益矣。友便辟②,友善柔③,友便佞④,损矣。"

解词语

①谅:诚信。
②便辟:谄媚逢迎。
③善柔:当面奉承,背后诋毁。
④便佞:花言巧语。

说意思

孔子说:"有益的朋友有三种,有害的朋友有三种。同正直的人交友,同诚实的人交友,同见闻广博的人交友,便有益。同谄媚逢迎的人交友,同当面奉承、背后诋毁的人交友,同花言巧语的人交友,便有害。"

讲故事

闻鸡起舞

祖逖和刘琨都是东晋时期著名的军事家,他们在少年时就结为好友,建立了深厚的友谊。

祖逖和刘琨长大后,一起担任司州主簿。他们感情深厚,常常同床而卧、同被而眠。更重要的是,他们都心怀远大理想:立志成为栋梁之材,为国家建功立业。

有一次,祖逖在半夜里听到公鸡的叫声。于是,他叫醒了好友刘琨,说:"你听到鸡叫了吗?"刘琨说:"半夜听见鸡叫,是不好的征兆。"祖逖说:"我不这样认为。以后听见鸡叫,咱们干脆就起来练剑吧。你觉得如何?"刘琨高兴地同意了。

从此,他们每天在鸡叫后就起床练剑。日复一日,年复一年,从不间断。功夫不负有心人,经过长期的努力学习和刻苦训练,他们终于成为文武双全的栋梁之材。

益者三乐

孔子曰："益者三乐，损者三乐。乐节礼乐，乐道人之善，乐多贤友，益矣。乐骄乐，乐佚①游，乐宴乐，损矣。"

解词语

①佚：通"逸"，安逸。

说意思

孔子说："有益的快乐有三种，有害的快乐有三种。以得到礼乐的调节为乐，以宣扬别人的优点为乐，以广交良友为乐，就有益。以骄傲为乐，以纵逸游荡为乐，以饮食荒淫为乐，就有害。"

孔子教子

孔子是我国伟大的思想家、教育家，儒家思想的创始人。他有一个儿子叫孔鲤。

有一天,孔子的弟子陈亢问孔鲤:"老师有没有传授你一些不同的东西?"

孔鲤说:"没有啊。只是有一次,他一个人站在院子里,我从他旁边经过,他叫住我,问我学习《诗经》了没有,我说没有。他对我说,不学好《诗经》,就不会很好地表达自己。于是,我就学习了《诗经》。还有一次,他一个人站在院子里,我从他旁边经过,他叫住我,问我学习《礼记》了没有,我说没有。他对我说,不学好《礼记》,就不能很好地立足于社会。于是,我又学习了《礼记》。"

陈亢听后,高兴地说:"这次我问了一个问题,却明白了三件事。我知道了要学习《诗经》,我知道了要学习《礼记》,我还知道了老师如何教导他的孩子。"

道听而涂①说

子曰:"道听而涂说,德之弃也。"

解词语

①涂:通"途",道路。

说意思

孔子说:"在道路上听到消息就四处传播,这是背离道德的。"

讲故事

道听途说

战国时期,一个村庄里住着两个邻居,一个叫艾子,一个叫毛空。

有一次,毛空听到一件关于一只鸭和一块肉的事,便去告诉艾子。他说:"有个人养了一只鸭子,一天居然能生一百多个蛋。"艾子笑着说:"不可能,一只鸭子怎么会生那么多蛋呢?"于是,毛空改口说:"那就是两只鸭子生的!"艾子说:"那也不可能。"毛空又说:"也许是三只鸭子生的吧。"艾子还是不信。毛空一次又一次地增加鸭子的数量,一直加到十只,艾子仍然不相信他说的话。

过了一会儿,毛空说:"我再给你说一件事吧!上个月,从天上掉下来一块肉,那块肉有三十丈长、十丈宽。"艾子笑着说:"有那么长的肉吗?"毛空连忙改口:"那就是二十丈长。"艾子还是不信。毛空又改口:"一定是十丈长了。"艾子忍无可忍了,便问毛空:"你说的那块肉掉在了什么地方?你亲眼所见吗?你刚才说的那只鸭子又是谁家养的呢?"毛空支支吾吾地说:"我是在路上听别人说的。"

殷①有三仁

微子②去之,箕子③为之奴,比干④谏而死。孔子曰:"殷有三仁焉。"

解词语

①殷:指商朝。

②微子:名启,纣王的哥哥,见纣王无道而离去。

③箕子:纣王的叔父,多次劝谏纣王而不听,于是装疯,被纣王囚禁为奴。

④比干:纣王的叔父,力谏纣王,被剖心杀害。

说意思

纣王荒淫残暴,微子离开了他,箕子做了他的奴隶,比干因进谏而被杀。孔子说:"商朝有三位仁人啊!"

比干进谏

讲故事

商纣王是商朝的最后一位君主,也是历史上有名的暴君,荒淫无度,残暴成性。他在位时,推行了一系列不得人心的举措,招致天下人的反对。

有一次,大臣梅伯向商纣王直言进谏。商纣王非常不满,加上听信妲己的谗言,于是,他就把梅伯残忍地杀害了。商纣王的叔父比干劝谏他不要错杀无辜,希望他改邪归正,重新振兴国家。商纣王对叔父的劝谏很生气,恶狠狠地说:"听说圣人的心都有七窍,今天我要把你的心挖出来看看,到底是不是真的有七窍。"就这样,殷纣王残忍地挖出了比干的心,比干惨死。

孔子听说这件事后,感慨地说:"正因为纣王一窍不通,才会干出这种事来。如果他多少懂点儿事理,比干也就不至于死了。"